Zu diesem Heft wird das miniLÜK®-Kontrollgerät benötigt.

So wird es gemacht:

AF645880

Öffne das miniLÜK®-Kontrollgerät und lege die Plättchen in den unbedruckten Deckel. Jetzt kannst du auf den Plättchen und auf dem Geräteboden die Zahlen 1 bis 12 sehen.

Beispiel: Seite 2 „Wir rechnen mit Zehnern“ Hier siehst du 12 Rechenaufgaben in jedem Aufgabenblock. Vor jeder Aufgabe steht eine Zahl von 1 bis 12. Diese **roten Zahlen** entsprechen den **Zahlen auf den Plättchen.** Nimm das Plättchen 1 und sieh dir die erste Aufgabe im ersten Aufgabenblock an: 10 + 10 = ...!

Rechne nun die Aufgabe!
Das Ergebnis ist 20. Rechts neben den Aufgaben ist die Lösungsspalte. Suche im linken Teil der Lösungsspalte die Zahl 20! Neben 20 siehst du die Zahl 5.

Lege deshalb das Plättchen 1 auf das Feld 5 des Gerätebodens und zwar mit der Zahl nach oben.

So arbeitest du weiter, bis alle 12 Plättchen im Geräteboden liegen. Wenn du fertig bist, schließe das Gerät und drehe es um!

Öffne das Kontrollgerät von der Rückseite. Wenn du das unter den Lösungen abgebildete Muster siehst, hast du alle Aufgaben richtig gelöst.

Passen einige Plättchen nicht in das Muster, dann hast du dort Fehler gemacht. Drehe diese Plättchen da, wo sie liegen, um, schließe das Gerät, drehe es um und öffne es wieder.

Jetzt kannst du sehen, welche Aufgaben du falsch gelöst hast. Nimm diese Plättchen heraus und suche die richtigen Ergebnisse. Kontrolliere dann noch einmal.

Stimmt jetzt das Muster?

Das System ist für alle Übungen gleich: Die roten Aufgabennummern im Heft entsprechen immer den miniLÜK-Plättchen aus dem Kontrollgerät. Die Zahlen hinter den Lösungen sagen dir, auf welche Felder des Kontrollgerätes du die Plättchen legen musst.

Und nun viel Spaß!

Wir rechnen mit Zehnern

	Aufgabe			
1	10 + 10 =		0	9
2	30 + 30 =		10	2
3	40 + 40 =		20	5
4	20 + 20 =		30	1
5	50 + 50 =		40	12
6	0 + 10 =		50	11
7	60 + 10 =		60	7
8	20 + 10 =		70	6
9	40 + 50 =		80	4
10	20 + 30 =		90	3
11	0 + 0 =		100	10
12	200 + 0 =		200	8

	Aufgabe			
1	20 + 40 =		0	2
2	30 + 50 =		10	1
3	10 + 80 =		20	4
4	10 + 20 =		30	7
5	200 + 0 =		40	11
6	30 + 10 =		50	6
7	10 + 0 =		60	8
8	30 + 20 =		70	10
9	40 + 30 =		80	12
10	0 + 0 =		90	9
11	10 + 10 =		100	5
12	30 + 70 =		200	3

	Aufgabe		Ergebnis	
1	60 – 10 =		0	9
2	90 – 10 =		10	1
3	40 – 10 =		20	10
4	80 – 10 =		30	2
5	100 – 10 =		40	6
6	50 – 10 =		50	3
7	30 – 10 =		60	11
8	70 – 10 =		70	4
9	20 – 10 =		80	5
10	10 – 10 =		90	8
11	100 – 0 =		100	7
12	200 – 0 =		200	12

	Aufgabe		Ergebnis	
1	60 – 40 =		0	5
2	80 – 50 =		10	3
3	90 – 30 =		20	11
4	100 – 50 =		30	9
5	90 – 20 =		40	6
6	100 – 20 =		50	12
7	70 – 30 =		60	8
8	50 – 40 =		70	2
9	100 – 10 =		80	10
10	60 – 60 =		90	7
11	100 – 0 =		100	1
12	200 – 0 =		200	4

Das ist nicht schwer!

Nr.	Aufgabe	Ergebnis	Zeichen
1	10 + 5 =	12	8
2	20 + 5 =	15	5
3	20 + 7 =	18	1
4	20 + 9 =	21	7
5	10 + 2 =	22	9
6	20 + 2 =	23	3
7	20 + 4 =	24	12
8	20 + 6 =	25	10
9	10 + 8 =	26	4
10	20 + 8 =	27	2
11	20 + 1 =	28	11
12	20 + 3 =	29	6

Nr.	Aufgabe	Ergebnis	Zeichen
1	30 + 6 =	29	6
2	50 + 4 =	34	2
3	20 + 9 =	36	1
4	60 + 7 =	43	7
5	90 + 9 =	51	4
6	50 + 7 =	54	9
7	30 + 4 =	57	10
8	70 + 5 =	67	8
9	90 + 7 =	75	3
10	40 + 3 =	86	5
11	80 + 6 =	97	11
12	50 + 1 =	99	12

Nr.	Aufgabe	Zahl	Feld
1	50 + 5 =	32	1
2	30 + 6 =	34	3
3	40 + 2 =	36	8
4	50 + 7 =	38	5
5	50 + 1 =	41	2
6	30 + 2 =	42	4
7	30 + 8 =	23	7
8	40 + 1 =	21	9
9	30 + 4 =	51	10
10	50 + 3 =	53	12
11	20 + 1 =	55	6
12	20 + 3 =	57	11

Nr.	Aufgabe	Zahl	Feld
1	90 + 5 =	73	8
2	70 + 5 =	75	4
3	80 + 5 =	76	1
4	70 + 3 =	78	11
5	90 + 8 =	83	9
6	80 + 6 =	85	12
7	80 + 8 =	86	3
8	90 + 6 =	88	2
9	70 + 8 =	93	5
10	70 + 6 =	95	7
11	90 + 3 =	96	10
12	80 + 3 =	98	6

Nr.	Aufgabe	Zahl	Feld
1	53 + 30 =	61	10
2	65 + 30 =	62	11
3	44 + 30 =	63	2
4	11 + 50 =	72	5
5	46 + 50 =	73	8
6	23 + 50 =	74	6
7	24 + 70 =	83	9
8	15 + 70 =	84	3
9	22 + 40 =	85	7
10	44 + 40 =	94	4
11	32 + 40 =	95	1
12	23 + 40 =	96	12

Nr.	Aufgabe	Zahl	Feld
1	53 + 30 =	61	10
2	65 + 30 =	62	1
3	44 + 30 =	63	12
4	11 + 50 =	72	7
5	46 + 50 =	73	6
6	23 + 50 =	74	2
7	24 + 70 =	83	9
8	15 + 70 =	84	3
9	22 + 40 =	85	11
10	44 + 40 =	94	4
11	32 + 40 =	95	5
12	23 + 40 =	96	8

Wir nehmen Einer weg

	Aufgabe		Ergebnis	
1	30 – 5 =		21	10
2	30 – 2 =		22	9
3	30 – 8 =		23	5
4	30 – 3 =		24	11
5	40 – 5 =		25	2
6	30 – 7 =		26	8
7	40 – 7 =		27	1
8	40 – 3 =		28	6
9	30 – 9 =		29	4
10	30 – 4 =		33	7
11	30 – 1 =		35	3
12	30 – 6 =		37	12

	Aufgabe		Ergebnis	
1	60 – 4 =		41	4
2	60 – 6 =		42	11
3	50 – 7 =		43	6
4	50 – 9 =		44	7
5	70 – 8 =		54	1
6	70 – 5 =		55	2
7	70 – 7 =		56	3
8	50 – 6 =		57	5
9	50 – 8 =		62	12
10	70 – 6 =		63	10
11	60 – 3 =		64	9
12	60 – 5 =		65	8

Nr.	Aufgabe	Ergebnis	Code
1	60 − 7 =	32	6
2	40 − 2 =	34	9
3	80 − 5 =	57	5
4	80 − 8 =	38	10
5	60 − 7 =	51	11
6	40 − 6 =	53	8
7	40 − 8 =	55	1
8	80 − 6 =	71	3
9	90 − 5 =	85	7
10	60 − 9 =	72	12
11	60 − 5 =	74	4
12	80 − 9 =	75	2

Nr.	Aufgabe	Ergebnis	Code
1	80 − 4 =	71	2
2	90 − 7 =	72	3
3	100 − 7 =	74	11
4	90 − 9 =	83	6
5	90 − 6 =	76	10
6	80 − 6 =	77	5
7	80 − 8 =	81	9
8	100 − 8 =	82	4
9	90 − 5 =	84	7
10	90 − 8 =	85	8
11	80 − 9 =	92	12
12	80 − 3 =	93	1

Es geht über den Zehner!

Nr.	Aufgabe	Ergebnis	Code
1	65 + 9 =	41	5
2	48 + 9 =	43	6
3	83 + 9 =	53	4
4	63 + 9 =	55	1
5	68 + 9 =	57	11
6	86 + 9 =	64	7
7	44 + 9 =	72	10
8	32 + 9 =	74	9
9	55 + 9 =	77	2
10	87 + 9 =	92	8
11	46 + 9 =	95	12
12	34 + 9 =	96	3

Nr.	Aufgabe	Ergebnis	Code
1	54 + 7 =	53	7
2	89 + 7 =	54	1
3	46 + 7 =	55	10
4	68 + 7 =	61	12
5	47 + 7 =	62	2
6	75 + 7 =	63	5
7	56 + 7 =	66	9
8	48 + 7 =	74	6
9	69 + 7 =	75	11
10	67 + 7 =	76	8
11	55 + 7 =	82	3
12	59 + 7 =	96	4

Nr.	Aufgabe	Ergebnis	Code
1	38 + 6 =	42	7
2	59 + 6 =	43	10
3	47 + 6 =	44	8
4	49 + 6 =	45	2
5	58 + 6 =	52	12
6	57 + 6 =	53	11
7	36 + 6 =	54	6
8	56 + 6 =	55	1
9	48 + 6 =	62	9
10	39 + 6 =	63	4
11	46 + 6 =	64	5
12	37 + 6 =	65	3

Nr.	Aufgabe	Ergebnis	Code
1	35 + 8 =	42	8
2	37 + 8 =	27	12
3	26 + 8 =	45	2
4	24 + 8 =	32	5
5	36 + 8 =	44	9
6	13 + 8 =	43	6
7	15 + 8 =	36	10
8	34 + 8 =	34	3
9	23 + 8 =	26	7
10	19 + 8 =	23	11
11	28 + 8 =	31	4
12	18 + 8 =	21	1

Nr.	Aufgabe	Ergebnis	Code
1	56 – 7 =	35	3
2	52 – 7 =	36	10
3	63 – 7 =	37	6
4	61 – 7 =	39	7
5	55 – 7 =	44	4
6	43 – 7 =	45	9
7	46 – 7 =	47	12
8	42 – 7 =	48	11
9	44 – 7 =	49	2
10	62 – 7 =	54	1
11	54 – 7 =	55	8
12	51 – 7 =	56	5

Nr.	Aufgabe	Ergebnis	Code
1	83 – 6 =	65	12
2	81 – 6 =	66	11
3	94 – 6 =	67	7
4	92 – 6 =	68	2
5	93 – 6 =	69	4
6	74 – 6 =	75	1
7	71 – 6 =	77	5
8	73 – 6 =	79	8
9	75 – 6 =	85	10
10	72 – 6 =	86	6
11	91 – 6 =	87	9
12	85 – 6 =	88	3

Wie viel bleibt übrig?

Nr.	Aufgabe		Ergebnis	Code
1	18 – 3 =		10	1
2	17 – 4 =		11	8
3	19 – 2 =		12	5
4	16 – 5 =		13	11
5	19 – 0 =		14	2
6	23 – 3 =		15	7
7	19 – 5 =		16	6
8	16 – 4 =		17	3
9	25 – 4 =		18	10
10	18 – 8 =		19	9
11	19 – 1 =		20	12
12	19 – 3 =		21	4

Nr.	Aufgabe		Ergebnis	Code
1	29 – 3 =		22	3
2	29 – 0 =		23	8
3	28 – 4 =		24	12
4	36 – 5 =		25	11
5	39 – 6 =		26	10
6	29 – 2 =		27	2
7	27 – 5 =		28	4
8	35 – 3 =		29	7
9	38 – 8 =		30	5
10	29 – 1 =		31	9
11	28 – 3 =		32	1
12	27 – 4 =		33	6

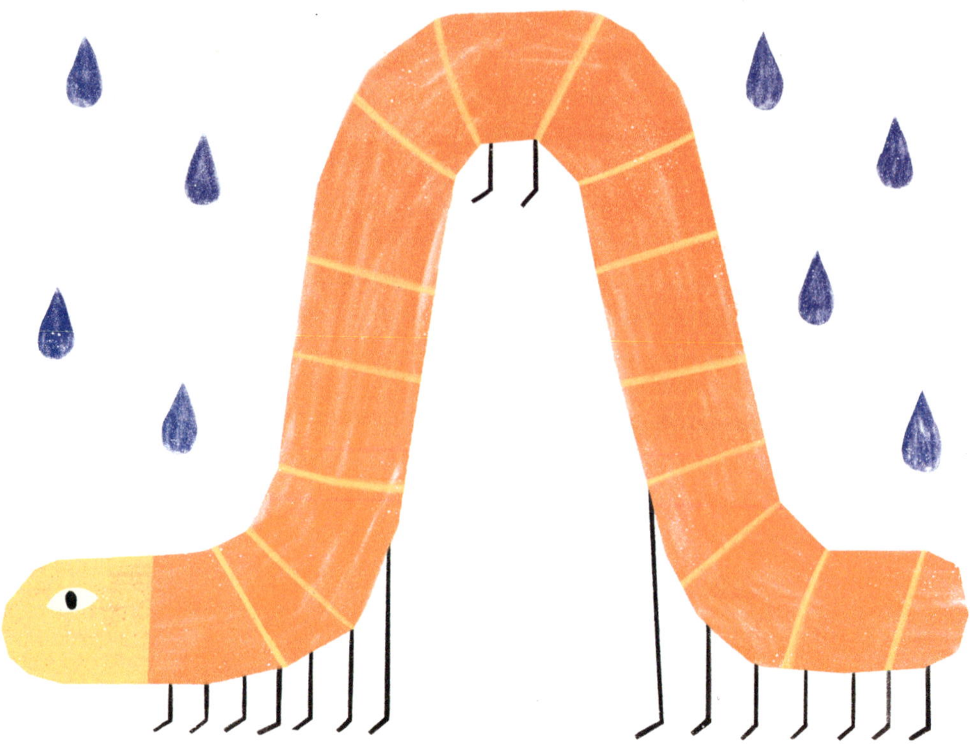

Nr.	Aufgabe	Zahl	Feld
1	46 – 5 =	34	4
2	39 – 1 =	35	10
3	48 – 4 =	36	8
4	39 – 4 =	37	6
5	46 – 6 =	38	12
6	48 – 3 =	39	3
7	39 – 5 =	40	1
8	38 – 1 =	41	9
9	47 – 4 =	42	11
10	39 – 0 =	43	2
11	38 – 2 =	44	7
12	48 – 6 =	45	5

Nr.	Aufgabe	Zahl	Feld
1	58 – 7 =	46	2
2	59 – 2 =	47	8
3	59 – 5 =	48	11
4	56 – 4 =	49	12
5	59 – 3 =	50	9
6	58 – 3 =	51	6
7	49 – 1 =	52	5
8	54 – 4 =	53	10
9	48 – 2 =	54	1
10	49 – 0 =	55	4
11	49 – 2 =	56	7
12	58 – 5 =	57	3

Nr.	Aufgabe	Zahl	Feld
1	85 – 6 =	64	8
2	96 – 8 =	65	5
3	72 – 7 =	66	1
4	92 – 9 =	69	10
5	94 – 7 =	72	12
6	72 – 3 =	73	4
7	71 – 5 =	76	3
8	83 – 7 =	79	2
9	81 – 9 =	83	7
10	73 – 9 =	87	11
11	95 – 6 =	88	9
12	81 – 8 =	89	6

Nr.	Aufgabe	Zahl	Feld
1	51 – 6 =	25	10
2	33 – 8 =	26	5
3	42 – 7 =	27	7
4	44 – 5 =	28	4
5	43 – 9 =	33	3
6	53 – 4 =	34	12
7	55 – 7 =	35	6
8	31 – 3 =	39	2
9	34 – 8 =	43	11
10	32 – 5 =	45	1
11	51 – 8 =	48	8
12	42 – 9 =	49	9

In welcher Zeit schaffst du es?

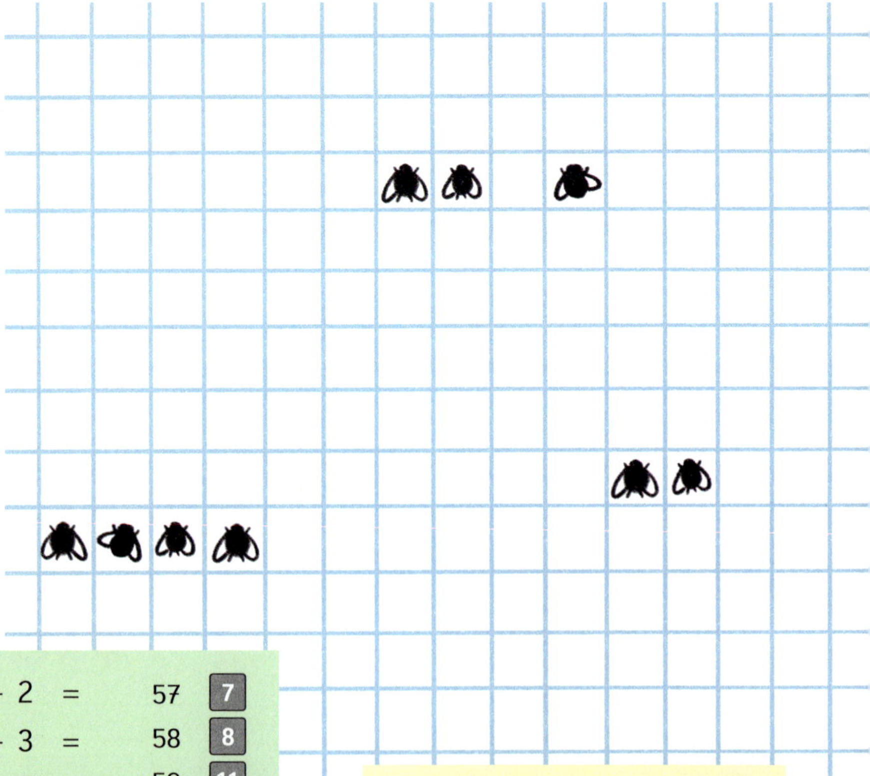

Nr.	Aufgabe		Ergebnis	Code
1	63 + 2	=	57	7
2	64 + 3	=	58	8
3	73 + 3	=	59	11
4	71 + 2	=	60	12
5	53 + 4	=	64	5
6	56 + 3	=	65	4
7	73 + 2	=	66	2
8	54 + 6	=	67	6
9	53 + 5	=	73	3
10	73 + 1	=	74	10
11	62 + 4	=	75	9
12	61 + 3	=	76	1

Nr.	Aufgabe		Ergebnis	Code
1	44 + 4	=	35	3
2	52 + 2	=	37	10
3	53 + 4	=	46	8
4	41 + 8	=	47	4
5	32 + 3	=	48	7
6	62 + 5	=	49	2
7	43 + 3	=	54	5
8	51 + 4	=	55	11
9	32 + 5	=	56	6
10	61 + 5	=	57	9
11	43 + 4	=	66	1
12	52 + 4	=	67	12

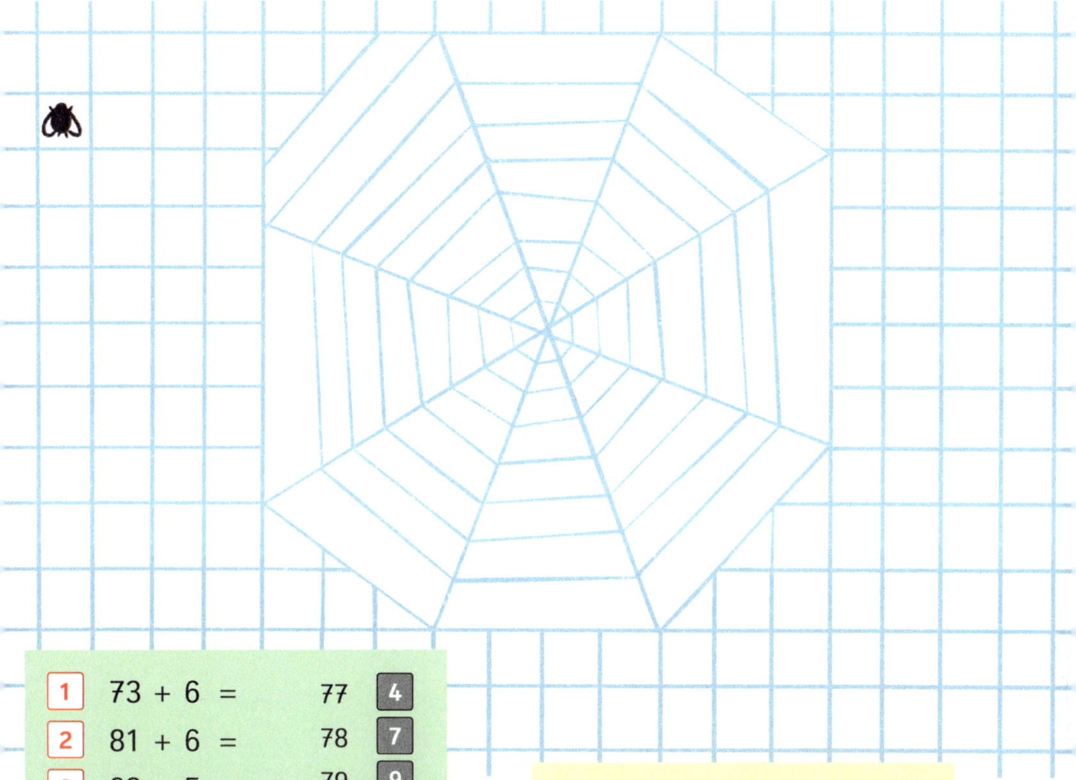

1	73 + 6 =		77	4
2	81 + 6 =		78	7
3	93 + 5 =		79	9
4	82 + 7 =		80	6
5	92 + 3 =		86	3
6	84 + 4 =		87	2
7	73 + 4 =		88	1
8	94 + 3 =		89	10
9	71 + 9 =		95	11
10	82 + 4 =		96	12
11	91 + 5 =		97	8
12	72 + 6 =		98	5

1	33 + 7 =		30	4
2	62 + 5 =		33	8
3	46 + 4 =		34	1
4	63 + 3 =		35	10
5	42 + 7 =		40	2
6	21 + 9 =		42	12
7	31 + 3 =		49	11
8	62 + 6 =		50	5
9	41 + 1 =		60	6
10	31 + 2 =		66	7
11	53 + 7 =		67	3
12	32 + 3 =		68	9

Hier fehlen die Zahlen!

Nr.	Aufgabe	Zahl	Feld
1	10 + ☐ = 50	0	8
2	30 + ☐ = 100	10	5
3	60 + ☐ = 90	20	9
4	20 + ☐ = 80	30	3
5	40 + ☐ = 60	40	2
6	60 + ☐ = 70	50	1
7	50 + ☐ = 100	60	7
8	20 + ☐ = 100	70	12
9	10 + ☐ = 100	80	6
10	60 + ☐ = 60	90	4
11	0 + ☐ = 100	100	10
12	0 + ☐ = 200	200	11

Nr.	Aufgabe	Zahl	Feld
1	100 − ☐ = 30	0	3
2	40 − ☐ = 20	10	2
3	80 − ☐ = 30	20	7
4	100 − ☐ = 20	30	4
5	70 − ☐ = 10	40	5
6	60 − ☐ = 50	50	12
7	90 − ☐ = 60	60	6
8	100 − ☐ = 10	70	9
9	80 − ☐ = 40	80	10
10	30 − ☐ = 30	90	1
11	100 − ☐ = 0	100	11
12	200 − ☐ = 0	200	8

Übung macht den Meister!

	Aufgabe			
1	12 + 2 =		9	2
2	13 + 5 =		10	7
3	11 + 6 =		11	11
4	14 + 6 =		12	8
5	12 + 3 =		13	10
6	4 + 5 =		14	5
7	16 + 3 =		15	3
8	3 + 7 =		16	4
9	11 + 2 =		17	9
10	11 + 0 =		18	1
11	12 + 4 =		19	12
12	11 + 1 =		20	6

	Aufgabe			
1	21 + 6 =		18	2
2	23 + 2 =		19	4
3	21 + 1 =		20	11
4	25 + 4 =		22	10
5	15 + 4 =		23	7
6	13 + 5 =		24	3
7	23 + 3 =		25	1
8	21 + 2 =		26	12
9	24 + 6 =		27	5
10	14 + 6 =		28	8
11	21 + 3 =		29	6
12	25 + 3 =		30	9

	Aufgabe			
1	32 + 5 =		32	11
2	31 + 8 =		33	9
3	41 + 4 =		34	4
4	34 + 4 =		35	5
5	32 + 2 =		36	12
6	31 + 1 =		37	8
7	41 + 2 =		38	1
8	33 + 3 =		39	6
9	32 + 1 =		40	2
10	36 + 4 =		43	7
11	41 + 3 =		44	3
12	32 + 3 =		45	10

	Aufgabe			
1	52 + 4 =		52	12
2	53 + 5 =		53	11
3	61 + 3 =		54	2
4	54 + 3 =		55	8
5	51 + 1 =		56	4
6	53 + 2 =		57	3
7	64 + 2 =		58	1
8	61 + 4 =		59	5
9	51 + 2 =		60	10
10	56 + 4 =		64	6
11	55 + 4 =		65	7
12	52 + 2 =		66	9

Wie schnell schaffst du eine Reihe?

Nr.	Aufgabe		Ergebnis	Zahl
1	100 – 48 =		32	11
2	100 – 66 =		34	3
3	100 – 27 =		41	12
4	100 – 39 =		43	10
5	100 – 59 =		44	2
6	100 – 37 =		51	5
7	100 – 56 =		52	1
8	100 – 38 =		54	7
9	100 – 68 =		61	8
10	100 – 46 =		62	9
11	100 – 49 =		63	4
12	100 – 57 =		73	6

Nr.	Aufgabe		Ergebnis	Zahl
1	100 – 22 =		36	8
2	100 – 44 =		37	2
3	100 – 33 =		46	3
4	100 – 11 =		56	7
5	100 – 54 =		58	5
6	100 – 64 =		59	1
7	100 – 34 =		66	6
8	100 – 41 =		67	9
9	100 – 32 =		68	10
10	100 – 42 =		77	4
11	100 – 23 =		78	11
12	100 – 63 =		89	12

Nr.	Aufgabe		Ergebnis	Zahl
1	30 + 38 =		27	9
2	60 + 38 =		37	7
3	20 + 49 =		47	10
4	50 + 49 =		57	1
5	50 + 47 =		67	2
6	20 + 37 =		68	4
7	10 + 17 =		69	11
8	40 + 27 =		77	12
9	20 + 67 =		87	6
10	10 + 37 =		97	5
11	20 + 57 =		98	8
12	20 + 17 =		99	3

Nr.	Aufgabe		Ergebnis	Zahl
1	50 + 21 =		44	7
2	40 + 33 =		45	8
3	50 + 37 =		46	6
4	20 + 24 =		58	9
5	50 + 24 =		59	5
6	10 + 49 =		71	2
7	20 + 66 =		72	11
8	20 + 26 =		73	12
9	60 + 25 =		74	10
10	10 + 35 =		85	3
11	20 + 38 =		86	1
12	40 + 32 =		87	4

1	20 + 58 =	32	11
2	80 − 43 =	36	5
3	30 + 56 =	37	12
4	90 − 34 =	46	6
5	40 + 37 =	48	10
6	50 − 18 =	55	8
7	60 + 36 =	56	3
8	70 − 24 =	77	1
9	30 + 25 =	78	4
10	80 − 32 =	86	7
11	40 + 47 =	87	2
12	60 − 24 =	96	9

1	36 + 50 =	41	12
2	60 − 18 =	42	9
3	86 − 30 =	47	10
4	40 + 38 =	52	8
5	24 + 60 =	54	3
6	90 − 43 =	56	1
7	99 − 20 =	73	4
8	20 + 34 =	78	11
9	22 + 30 =	79	5
10	70 − 29 =	83	2
11	93 − 10 =	84	7
12	20 + 53 =	86	6

Zusammenzählen und Abziehen

1	25 + 43 =	22	8
2	57 − 12 =	25	6
3	32 + 54 =	45	11
4	54 − 32 =	46	1
5	12 + 57 =	54	12
6	99 − 45 =	58	4
7	45 + 32 =	64	5
8	86 − 22 =	68	7
9	23 + 35 =	69	9
10	69 − 23 =	77	2
11	34 + 53 =	86	3
12	76 − 51 =	87	10

1	98 − 25 =	21	6
2	43 + 54 =	23	12
3	89 − 52 =	34	10
4	34 + 45 =	37	11
5	78 − 16 =	56	9
6	61 + 28 =	59	2
7	99 − 65 =	62	5
8	13 + 46 =	73	3
9	88 − 67 =	76	7
10	24 + 32 =	79	4
11	79 − 56 =	89	1
12	34 + 42 =	97	8

1	25 + ☐ = 76		22	2
2	42 + ☐ = 85		24	12
3	14 + ☐ = 89		32	9
4	36 + ☐ = 98		33	7
5	53 + ☐ = 75		35	10
6	24 + ☐ = 88		42	5
7	45 + ☐ = 77		43	11
8	16 + ☐ = 58		51	4
9	32 + ☐ = 86		54	1
10	54 + ☐ = 89		62	3
11	23 + ☐ = 56		64	6
12	45 + ☐ = 69		75	8

1	99 – ☐ = 45		23	5
2	89 – ☐ = 17		25	6
3	79 – ☐ = 23		32	7
4	69 – ☐ = 21		36	9
5	98 – ☐ = 35		44	1
6	88 – ☐ = 42		46	4
7	78 – ☐ = 53		48	12
8	68 – ☐ = 32		54	11
9	57 – ☐ = 25		56	8
10	66 – ☐ = 43		62	10
11	75 – ☐ = 31		63	2
12	86 – ☐ = 24		72	3

Wie viele Schritte gehst du?

Nr.	Aufgabe	Zahl	Feld
1	von 92 nach 98	7	1
2	von 32 nach 40	4	8
3	von 70 nach 50	8	6
4	von 62 nach 69	10	12
5	von 30 nach 21	20	4
6	von 60 nach 60	5	3
7	von 84 nach 81	9	10
8	von 40 nach 30	6	2
9	von 12 nach 17	1	9
10	von 77 nach 73	2	11
11	von 54 nach 55	3	7
12	von 50 nach 48	0	5

Nr.	Aufgabe	Zahl	Feld
1	von 20 nach 70	0	12
2	von 48 nach 43	1	2
3	von 72 nach 80	2	11
4	von 59 nach 58	3	1
5	von 40 nach 70	4	8
6	von 27 nach 27	5	5
7	von 38 nach 34	6	6
8	von 80 nach 78	7	3
9	von 60 nach 20	8	10
10	von 66 nach 69	30	4
11	von 92 nach 99	40	9
12	von 79 nach 73	50	7

Weißt du die Antwort?

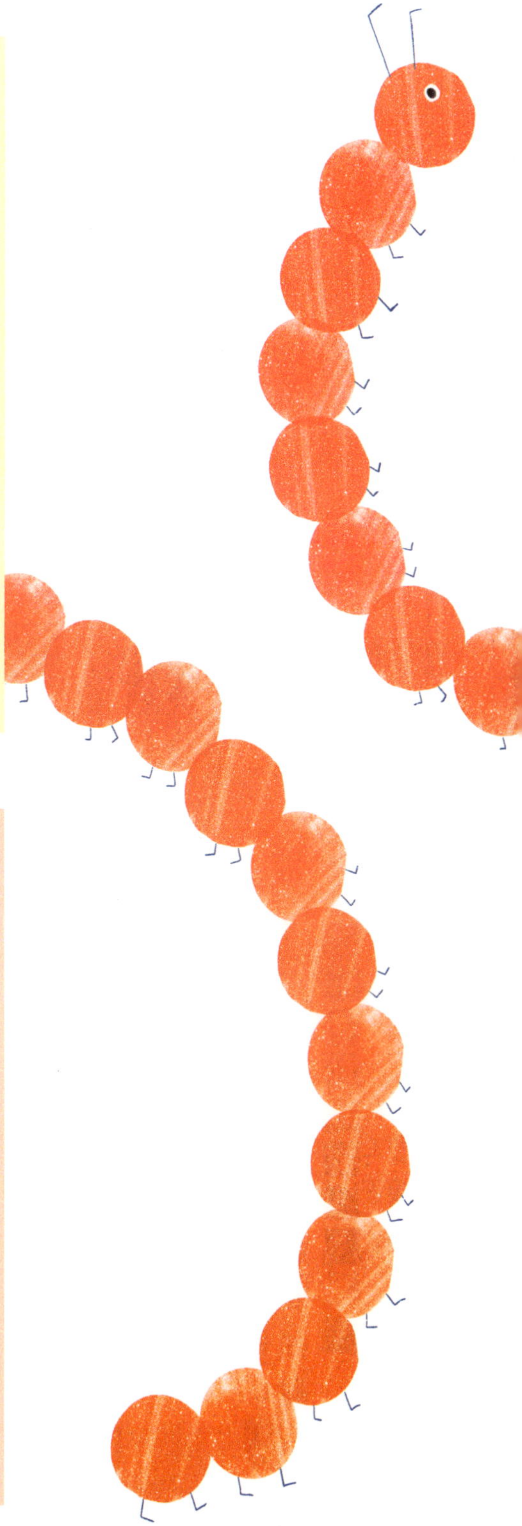

Nr.	Aufgabe		Ergebnis	
1	55 + 8 + 9 + 9 =		62	10
2	48 + 9 + 9 + 9 =		63	7
3	67 + 9 + 8 + 8 =		71	4
4	47 + 8 + 8 + 8 =		72	12
5	57 + 9 + 8 + 9 =		73	9
6	68 + 9 + 9 + 9 =		75	11
7	39 + 6 + 8 + 9 =		81	3
8	59 + 7 + 8 + 8 =		82	5
9	67 + 9 + 7 + 8 =		83	2
10	49 + 8 + 9 + 7 =		91	1
11	39 + 9 + 8 + 7 =		92	8
12	47 + 8 + 8 + 9 =		95	6

Nr.	Aufgabe		Ergebnis	
1	39 + 9 + 9 + 9 =		51	12
2	48 + 8 + 8 + 8 =		52	3
3	49 + 9 + 8 + 7 =		53	2
4	39 + 9 + 8 + 7 =		54	6
5	38 + 7 + 8 + 9 =		56	4
6	49 + 6 + 9 + 7 =		62	5
7	29 + 9 + 9 + 9 =		63	10
8	29 + 8 + 8 + 8 =		64	7
9	29 + 9 + 8 + 8 =		66	9
10	28 + 8 + 8 + 8 =		71	1
11	28 + 7 + 9 + 7 =		72	8
12	39 + 8 + 8 + 9 =		73	11

Diese Aufgaben sind noch nicht fertig

Nr.	Aufgabe		
1	20 + ___ = 96	14	10
2	10 + ___ = 52	16	4
3	50 + ___ = 98	38	8
4	30 + ___ = 84	39	6
5	10 + ___ = 88	42	12
6	20 + ___ = 64	44	5
7	40 + ___ = 98	48	3
8	60 + ___ = 99	54	7
9	70 + ___ = 86	56	11
10	50 + ___ = 88	58	1
11	40 + ___ = 54	76	2
12	30 + ___ = 86	78	9

Nr.	Aufgabe		
1	36 + ___ = 80	22	4
2	13 + ___ = 90	24	8
3	25 + ___ = 80	27	1
4	78 + ___ = 100	31	2
5	24 + ___ = 90	36	5
6	39 + ___ = 70	44	3
7	46 + ___ = 100	48	11
8	33 + ___ = 60	51	9
9	54 + ___ = 90	54	10
10	29 + ___ = 80	55	12
11	12 + ___ = 60	66	6
12	46 + ___ = 70	77	7

1	78 – ☐ = 20	42	11
2	86 – ☐ = 40	44	4
3	94 – ☐ = 30	46	6
4	82 – ☐ = 10	48	5
5	96 – ☐ = 40	54	3
6	68 – ☐ = 20	56	7
7	74 – ☐ = 30	58	9
8	94 – ☐ = 20	64	1
9	86 – ☐ = 20	66	2
10	94 – ☐ = 40	68	8
11	98 – ☐ = 30	72	10
12	72 – ☐ = 30	74	12

1	100 – ☐ = 36	37	1
2	90 – ☐ = 18	38	11
3	70 – ☐ = 23	39	9
4	80 – ☐ = 22	44	7
5	90 – ☐ = 16	46	4
6	70 – ☐ = 31	47	2
7	100 – ☐ = 18	54	3
8	90 – ☐ = 44	58	6
9	60 – ☐ = 23	64	5
10	50 – ☐ = 12	72	10
11	70 – ☐ = 26	74	8
12	100 – ☐ = 46	82	12

Achtung! Kettenaufgabe

Nr.	Aufgabe	Ergebnis	Feld
1	42 + 2 + 2 + 2 + 2 + 2 + 2 =	49	1
2	42 + 3 + 3 + 2 + 3 + 3 + 3 =	50	11
3	42 + 4 + 4 + 4 + 4 + 2 + 4 =	52	10
4	42 + 2 + 3 + 3 + 2 + 3 + 3 =	54	7
5	42 + 2 + 4 + 2 + 4 + 2 + 4 =	55	9
6	42 + 1 + 2 + 3 + 2 + 4 + 3 =	56	2
7	42 + 4 + 3 + 1 + 2 + 3 + 1 =	57	4
8	41 + 4 + 4 + 1 + 2 + 2 + 1 =	58	8
9	33 + 2 + 1 + 4 + 4 + 4 + 2 =	59	3
10	35 + 3 + 2 + 3 + 3 + 1 + 2 =	60	6
11	44 + 4 + 2 + 4 + 4 + 2 + 2 =	62	5
12	34 + 4 + 2 + 3 + 4 + 3 + 2 =	64	12

Nr.	Aufgabe	Ergebnis	Feld
1	53 + 5 + 2 + 6 + 4 + 5 + 3 =	63	3
2	45 + 2 + 3 + 4 + 5 + 1 + 5 =	64	4
3	46 + 4 + 3 + 3 + 2 + 2 + 3 =	65	7
4	48 + 2 + 6 + 4 + 5 + 4 + 1 =	66	9
5	47 + 3 + 3 + 3 + 4 + 3 + 3 =	67	6
6	54 + 5 + 1 + 6 + 4 + 5 + 4 =	69	8
7	49 + 1 + 3 + 4 + 3 + 4 + 3 =	70	12
8	52 + 7 + 1 + 6 + 4 + 5 + 5 =	73	10
9	44 + 4 + 2 + 3 + 5 + 2 + 4 =	76	11
10	55 + 5 + 6 + 4 + 2 + 2 + 2 =	78	5
11	48 + 2 + 3 + 7 + 4 + 6 + 3 =	79	2
12	51 + 4 + 4 + 1 + 2 + 3 + 4 =	80	1